Du hast deine Engel gesandt,
mich zu behüten auf allen meinen Wegen,
auf den Händen tragen sie mich
und mein Fuß
wird nicht an einen Stein stoßen.
Über Löwen und Ottern
gehe ich unverletzt,
Löwen und Drachen schaden mir nichts.
Du hast gesagt:
„Wer sich auf mich verlässt,
dem will ich helfen.
Wer zu mir ruft, den will ich schützen.
Wer zu mir ruft, den will ich hören.
Ich bin bei ihm in der Not
und reiße ihn heraus.
Ich sättige ihn mit langem Leben
und lasse ihn mein Heil schauen.“

Psalm 91 in der Übersetzung von Jörg Zink

Der Schutzengel

Nach einem Wort des heiligen Bischofs Ambrosius von Mailand sind Erde, Luft und Meer, ist alles erfüllt von Engeln. Dieser prophetische Ausspruch wird, wenn unser Verstand ihn annimmt, zur Gewissheit, immer von Engelsflügeln behütet zu sein. Einen „guten Schutzengel“ gehabt zu haben, wird in Situationen überstandener Gefahr oft zum geflügeltem Wort. Und doch gibt es auch Augenblicke unabwendbarer Bedrohung für Leib und Leben. Wir wissen nicht, nach welchen Regeln Gottes Schutzgeister in irdische Geschehnisse eingreifen, wir vertrauen, wenn auch fragenden Herzens, auf den Sinn des Schicksals ...

Hermann Multhaupt

Mein Schutzengel

Er bewahrt nicht nur
meinen Leib und mein Leben;
das wäre zu wenig –
obwohl das schon sehr viel bedeutet.
Er ist auch die Stimme Gottes,
die mich anspricht und oft in mir wohnt –
wenn ich es nur zulasse.

Mein Schutzengel
hilft mir, nicht nur mit dem Verstand zu denken,
sondern auch mit dem Herzen,
mit meiner Seele zu empfinden,
um dann die richtigen Entscheidungen zu treffen.

Mein Schutzengel
wird mir zum inneren Meister.
Er schärft meine Empfindungen für gute Menschen
und warnt mich vor schlimmen Leuten.
Er führt mich »auf rechter Straße
und leitet mich aus finsteren Tälern«.
Er drängt sich nicht auf,
aber er reagiert auf Anrufung.

Mein Schutzengel
übermittelt mir Botschaften:
»Gott lässt dich nicht allein!«
und »Gott schütze dich«.
Manchmal aber schüttele ich mit dem Kopf
über seine ungewöhnlichen Eingebungen;
Eingebungen, die sich hinterher als die besten
erweisen, weil sie mich aus dem Einerlei
herausheben.

Mein Schutzengel
teilt mir mit,
was als GROSS und was als KLEIN zu gelten hat;
was den Hauch der Ewigkeit atmet,
was kurzatmig und vorläufig ist
und was für mich wenig Bestand hat.

Mein Schutzengel
drängt sich nicht auf,
mischt sich nicht ungebeten ein.
Wenn ich aber bete,
ihn bitte in Gedanken, Worten und Gesten,
dann ist er für mich da und behütet mich.
Besonders die kleinen Leute umsorgt er,
die einfachen, die kleinen und die großen Kinder –
zu denen ich »Gott sei Dank!« auch gehöre.

Uwe Seidel

Hat jeder Mensch einen Schutzengel?

Ja, jeder Mensch hat einen Engel.
Niemand ist allein und nur auf sich gestellt. Dein Schutzengel gibt dir Halt. Ihm kannst du alles anvertrauen. Er begleitet dich durchs Leben. Die Bibel ist voll von schönen Geschichten über Engel. Sie beschreiben, wie Engel behüten und beschützen, wie sie den Menschen die Augen öffnen und ihnen einen Weg zeigen, den sie gehen können.

Wo wohnen die Engel?

Zu dieser Frage gibt es eine wunderschöne Geschichte in der Bibel, nämlich die von Jakob und der Himmelsleiter. Sie steht im Kapitel 28 des Buches Genesis im Alten Testament. Jakob ist auf der Flucht vor seinem Bruder Esau, der ihn töten will. Im Schlaf träumt er von einer Leiter, die von der Erde bis zum Himmel reicht. Auf ihr steigen Engel auf und nieder. Und oben auf der Leiter steht Gott und sagt zu Jakob: „Ich bin mit dir, ich behüte dich, wohin du auch gehst.“

Wie sehen Engel aus?

Engel sind Geistwesen. Sie haben keine Pausbacken und Flügel. Und wenn, dann sind sie unsichtbar. Sichtbar werden sie hin und wieder im Gegenüber. Dies können Mama oder Papa, die Großeltern, Freunde oder auch Fremde sein.

Welche Aufgaben haben die Engel?

Der Psalm 91 im Alten Testament beschreibt das sehr gut. Im Vers 11 und 12 heißt es nämlich: „Denn er (Gott) befiehlt seinen Engeln, dich zu behüten auf all deinen Wegen. Sie tragen dich auf ihren Händen, damit dein Fuß nicht an einen Stein stößt.“ Engel sind Boten Gottes, durch die Gott den Menschen etwas mitteilen will oder etwas in ihnen bewirkt. Wenn du einmal nachdenkst, fallen dir bestimmt einige Situationen ein, in denen dein Engel ganz nah bei dir war: durch eine Idee, die anderen geholfen hat; durch eine richtige Entscheidung – auch wenn andere sie dir ausreden wollten; durch einen Menschen, der plötzlich da war und dir geholfen hat.

Anselm Grün

Denn er befiehlt seinen Engeln

Engel sind unverfügbar – wie Gott.
Und Engel sind leicht. Sie bringen die Leichtigkeit des Seins in unser Leben. Sie öffnen den Himmel über unserem Leben. Die Engelgeschichten der Bibel zeigen uns, dass Gott in jede Situation unseres Lebens seinen Engel sendet: in die Ohnmacht und Angst am Ölberg, in die Verlassenheit von Hagar und Ismael in der Wüste, in den Feuerofen und in die Löwengrube, in der wir uns in den alltäglichen Konflikten oft vorfinden. Engel zeigen, dass Gott sich um uns kümmert, dass er einen Boten zu uns schickt, den wir erfahren dürfen.

Anselm Grün

Gott hat seinen Engeln befohlen

Gott hat seinen Engeln befohlen,
dass sie dich behüten auf deinen Wegen.
Gott hat seinen Engeln befohlen,
dass sie mit dir gehen durch alle Zeit.

Einer sucht mit dir die Hoffnung,
einer sucht mit dir den Glauben,
einer sucht mir dir die Liebe.
Einer sucht nur dich allein.

Einer trägt mit dir die Lasten,
einer trägt mit dir die Leiden,
einer trägt mit dir die Zweifel.
Einer trägt nur dich allein.

Einer stärkt mit dir die Schwachen,
einer stärkt mit dir die Armen,
einer stärkt mit dir die Müden.
Einer stärkt nur dich allein.

Einer kämpft mit dir für Freiheit,
einer kämpft mit dir für Wahrheit,
einer kämpft mit dir für Frieden.
Einer kämpft für dich allein.

Einer steht zu deiner Linken,
einer steht zu deiner Rechten.
Alle stehn für Gottes Wort ein:
Keiner steht für sich allein.

Jens Uhlendorf

»… er befiehlt seinen Engeln … damit du deinen Fuß nicht an einen Stein stößt.«

Steine am Weg, Steine im Leben.
Wie viele Steine gab es schon?
Wie viele Steine immer neu?
Steine, die ich dort vorfand;
Steine, die man mir vor die Füße warf;
Steine, die ich mir selber in den Weg legte;
Steine, über die ich nicht hinwegschauen konnte,
die ich aber übersteigen musste;
Steine, an denen ich mich wund stieß;
Stolpersteine, die ich nicht sah –
oder nicht sehen wollte;
Steine, die mich zu Fall brachten;
Steine, Steine, Steine …

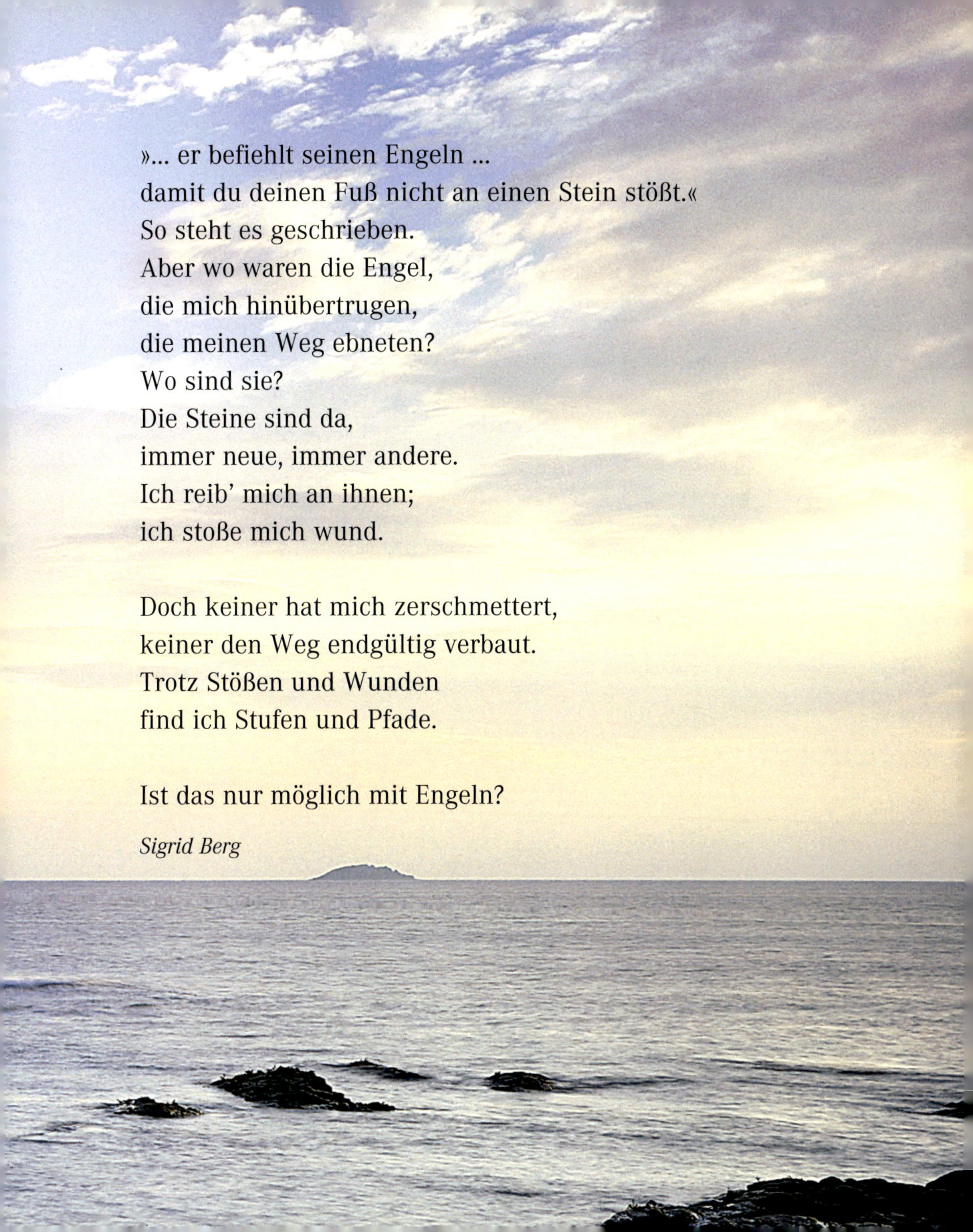

»... er befiehlt seinen Engeln ...
damit du deinen Fuß nicht an einen Stein stößt.«
So steht es geschrieben.
Aber wo waren die Engel,
die mich hinübertrugen,
die meinen Weg ebneten?
Wo sind sie?
Die Steine sind da,
immer neue, immer andere.
Ich reib' mich an ihnen;
ich stoße mich wund.

Doch keiner hat mich zerschmettert,
keiner den Weg endgültig verbaut.
Trotz Stößen und Wunden
find ich Stufen und Pfade.

Ist das nur möglich mit Engeln?

Sigrid Berg

Bei uns wird

heute von Engeln fast nur noch sentimental gesprochen; als folkloristisches Stilmittel oder in der Kunst kommen sie noch vor, und ganz am Rand in unseren Gottesdiensten und Glaubenserfahrungen, (vor allem in der Weihnachtszeit).
Ob wir ohne unser Wissen bisher einmal Engel beherbergt haben? Erkannten wir sie nur nicht, weil sie statt blonder Locken schwarze Haare trugen? Wer von uns hat sich diese Frage ernsthaft gestellt? Aber eines haben wir wohl alle gehört von den Engeln, und dass wir daran fest glauben, das wünsche ich uns, und dass es sich als wahr erweise auch an den Gefangenen und Misshandelten, an den Asylsuchenden und Fremden – an allen Menschen nah und fern:

So sagt es der Psalmist (Psalm 91,11):

Gott hat seinen Engeln befohlen,

dass sie dich behüten auf allen deinen Wegen; er hat nicht gesagt: dass wir den Engeln noch Extrasteine in den Weg legen sollen, sondern, dass sie dich auf den Händen tragen und du deinen Fuß nicht an einen Stein stoßest. Das will Gott. Amen.

Maria Jepsen

Es müssen nicht Männer mit Flügeln sein

Es müssen nicht Männer mit Flügeln sein,
die Engel.
Sie gehen leise, sie müssen nicht schrein,
oft sind die alt und hässlich und klein,
die Engel.

Sie haben kein Schwert, kein weißes Gewand,
die Engel.
Vielleicht ist einer, der gibt dir die Hand,
oder er wohnt neben dir, Wand an Wand,
der Engel.

Dem Hungernden hat er das Brot gebracht,
der Engel.
Dem Kranken hat er das Bett gemacht,
und er hört, wenn du ihn rufst in der Nacht,
der Engel.

Er steht im Weg und er sagt: Nein,
der Engel,
groß wie ein Pfahl und hart wie ein Stein –
es müssen nicht Männer mit Flügeln sein,
die Engel.

Rudolf Otto Wiemer

Engel schickt er

Wer unter dem Schirm des Höchsten sitzt

Wen Gott behütet und wer unter den Augen
des himmlischen Vaters Obhut gefunden hat,
der sagt dann auch: Lieber Gott,
auf dich setze ich meine Hoffnung,
bei dir fühle ich mich sicher,
du bist mein Gott,
und meine Augen richten sich auf dich.
Wenn ich gejagt und gehetzt bin: Gott bringt Ruhe.
Ich kann zu mir finden, weil er zu mir gekommen ist.
Gottes Wahrheit umgibt mich
wie eine schützende Schicht.

Wenn ich schlecht schlafen kann oder Angst habe,
wenn ich mich abends schon fürchte vor den Spitzen
von morgen,
dann richtet Gott mich auf und spricht mir gut zu;
von ihm bekomme ich neuen Mut.
Engel schickt er, seine guten Kräfte,
und ich fühle mich getragen auf allen meinen Wegen.
Gott weiß, dass ich ihn liebe;
darum kann ich durch Gefahren gehen, als wären sie
nichts.
Gott weiß, dass ich immer mit ihm rede;
also umgibt er mich mit seinem Schutz.
Gott weiß, wie sehr ich ihn brauche;
darum begleitet er mich in schwierigen Lagen.
Er befreit mich, gibt mir Rückhalt und Anerkennung.
Gott will meinen Lebenshunger mit
langem Leben erfüllen
und will mir zeigen, was wirklich Leben
aus seiner Hand ist.

Peter Spangenberg nach Psalm 91

Möge ein Engel

vor dir hergehen und dir die Richtung weisen,
in der du Erfüllung findest – Schritt für Schritt.

Möge ein Engel hinter dir stehen,
um dir den Rücken zu stärken,
damit du aufrecht
und wahrhaftig leben kannst.

Möge dich ein Engel begleiten,
zu deiner Rechten und deiner Linken,
damit du bewahrt bleibst vor den Angriffen derer,
die es nicht gut mit dir meinen.

Möge ein Engel unter dir stehen, um dich
zu tragen, wenn du keinen festen Boden mehr
unter dir spürst.

Möge ein Engel in dir sein,
um deine Tränen zu trocknen
und dein Herz mit dem Licht der Zuversicht
zu erhellen.

Möge ein Engel über dir sein,
um dich zu behüten vor den alltäglichen Gefahren,
damit kein Unheil dein Leben bedroht.

Mögen dich alle Engel des Himmels
mit ihrem Segen erfüllen und umhüllen
an allen Tagen deines Lebens
und in jeglicher Nacht.

Christa Spilling-Nöker

Segen des Engels

Der Engel des Herrn
sei neben dir,
dich sanft zu umarmen,
dir Schutz zu geben
für alle Zeit.

Der Engel des Herrn
sei unter dir,
dich aufzufangen,
wenn du zu fallen drohst,
dich zu befreien aus der Schlinge.

Der Engel des Herrn
sei über dir,
um dich zu segnen.

Irischer Segenswunsch

Bibliografische Information der Deutschen Nationalbibliothek
Die Deutsche Nationalbibliothek verzeichnet diese Publikation in der Deutschen Nationalbibliografie; detaillierte bibliografische Daten sind im Internet über http://dnb.d-nb.de abrufbar.

Quellenverzeichnis

Texte: Sigrid Berg: Mit Engeln durchs Jahr. © Kösel Verlag, München in der Verlagsgruppe Random House GmbH
Anselm Grün, Hat jeder Mensch einen Schutzengel? Interview bei www.katholisch.de. Rechte beim Autor.
Anselm Grün, Engel sind unverfügbar. Aus: Ein Engel möge dich begleiten. St. Benno-Verlag GmbH, Leipzig
Maria Jepsen, Bei uns wird heute von Engeln fast nur noch sentimental gesprochen. Rechte bei der Autorin.
Uwe Seidel, Mein Schutzengel. Aus: Michael Blum/Uwe Seidel, Das kleine Engelbuch, Seite 6f, 2003/9 © tvd-Verlag Düsseldorf, 1996
Peter Spangenberg, Psalm 91. Aus, ders: Höre meine Stimme. Die 150 Psalmen der Bibel übertragen in die Sprache unserer Zeit © Agentur des Rauhen Hauses, Hamburg 1995
Christa Spilling-Nöker, Möge ein Engel vor dir hergehen. Aus, dies.: Komm, mein Engel komm. Beflügelnde Worte für jeden Tag © Verlag am Eschbach der Schwabenverlag AG, Eschbach/Markgräflerland, 14. Auflage 2009
Jens Uhlendorf, Liedtext zu Psalm 91. (Liedfassung und CD unter: www.gottesdienstinstitut.org/katalog) Alle Rechte beim Autor
Rudolf Otto Wiemer, Es müssen nicht Männer mit Flügeln sein. Aus: ders., Der Augenblick ist noch nicht vorüber, Kreuz Verlag, Stuttgart 2001 © Rudolf Otto Wiemer Erben, Hildesheim
Jörg Zink, Du hast einen Engel gesandt, Psalm 91. Aus, ders., Die Bibel neu in Sprache gefasst von Jörg Zink, S. 338-339 © KREUZ Verlag in der Herder Verlag GmbH, Freiburg im Breisgau, 2008

Bilder: Umschlag: © Elenamiv/shutterstock
Seite 4/5: © Inna Yurkevych/Fotolia.com
Seite 6/7: © Rauch-Color-Dia, Michelstadt
Seite 23, 28/29: © Waltraud Klammet, Ohlstadt

Besuchen Sie uns im Internet:
www.st-benno.de

ISBN 978-3-7462-2931-7

Stammerstr. 11, 04159 Leipzig
Zusammengestellt und herausgegeben von Volker Bauch, Leipzig
Umschlag: Ulrike Vetter, Leipzig
Gesamtherstellung: Arnold & Domnick, Leipzig (A)

Du hast deinen Engel gesandt

Wer im Schutz des Höchsten wohnt,
wer im Schatten des Allmächtigen ruht,
darf zu ihm sagen:
„Meine Zuflucht, meine Burg,
mein Gott, dem ich vertraue.“
Denn du errettest mich
aus Gefahr und Verderben.
Du bist mir nahe von allen Seiten
und breitest über mich deine Güte,
wie ein Vogel seine Schwingen
über seine Jungen breitet.
Ich ängste mich nicht
vor dem Grauen, das in der Nacht umgeht,
vor dem Pfeil, der am Tag fliegt,
vor der Pest, die im Finstern schleicht,
oder der Seuche,
die in der Mittagshitze wütet.
Ich habe dich als meine Schutzwehr
und fliehe zu dir wie in eine Burg.
Kein Unheil wird mir begegnen,
und kein Elend umstellt mein Haus.

6|7

Denn er befiehlt
seinen Engeln,
dich zu behüten
auf all deinen Wegen.

Psalm 91

Ermutigungen für dein Leben